おいしさから学ぶ図鑑

① おいしい

おすし
ができるまで

── 監修 ──
一般社団法人さかなの会 理事長 代表
ながさき一生

Gakken

はじめに

　みなさんは、「日本の国民食」と聞いて、何が浮かびますか？この質問をすると、必ずといっていいほど、つぎの3つが返ってきます。

　それは、「おすし」「カレー」「ラーメン」です。

　しかし、カレーとラーメンは外国から入ってきた料理で、和食の代表といわれるおすしも、そのルーツは東南アジアにあるといわれています。それでも、おすし、カレー、ラーメンが「日本の国民食」と呼ばれるのは、長い年月をかけて、日本人の食卓に根づいてきたからだといえるでしょう。

　大人も子どもも大好きな「おすし」「カレー」「ラーメン」。その人気のひみつは、いったいどこにあるのでしょうか？

　『おいしさから学ぶ図鑑』は、これら3大人気国民食にスポットをあて、そのおいしさのウラにかくされた、つくり手のさまざまなくふうを紹介しながら、人気のひみつを探っていきます。本の中で、これが「おいしいひみつ」といえるところには、 おいしい ひみつ をつけているので、参考にしてください。

このマークを探してみてね！

　みなさんも、『おいしさから学ぶ図鑑』を読んで、おすし、カレー、ラーメンがさらに好きになってくれたらうれしいです。

おいしい おすし のウラ側に

　みんなが大好きなおすし。その一貫一貫には、たくさんの人の思いと手間が詰まっています。おいしいおすしができるまでには、大海原で魚をとる漁師さん、早朝から魚を選りすぐる市場の人、そして、その魚をていねいにさばいてにぎるおすし屋さんなど、多くの人びとの努力が積み重ねられています。

　おすしは、たんに魚を食べることを超えた食べものです。自然のめぐみである魚に人の手が加わることで、よりおいしく、より美しく変身させているのです。マグロの赤身・中トロ・大トロ、イカの身・ゲソ、サーモン・イクラ……、季節に応じた魚介のさまざまな部位を、ことなる味わいで楽しめるのもおすしの魅力です。

　また、新鮮な魚を安全に食べられることは、実はとてもすばらしいことなのです。とくに生で食べられるほどの鮮度を保ちつつ、全国に魚を流通させることができる日本は、世界でも類を見ない魚食文化をもっているといえるでしょう。これは、長い歴史の中でつちかわれた日本の文化と、人びとの努力のたまものです。

　この図鑑を通じて、おすしができるまでの過程を楽しく学び、おすしや食のありがたさを感じていただけたら、うれしく思います。大人の方がたもあらためておすしの奥深さや食の大切さを感じていただければ幸いです。

　さあ、いっしょに「おいしいおすしができるまで」を探る旅に出かけましょう！

一般社団法人さかなの会 理事長 代表 **ながさき一生**

おいしさから学ぶ図鑑
① おいしいおすしができるまで

もくじ

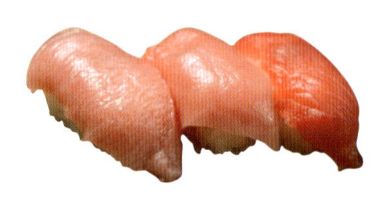

※本書に掲載されているデータや情報は、2024年11月現在のものです。

おすし屋さんをのぞいてみよう

おススメ

・サーモン ・まだこ
・さより ・こはだ
・まぐろ ・大とろ
・さば ・中とろ
・えんがわ 穴子

和帽子（わぼうし）→ P.9

すしげた → P.9

調理白衣（ちょうりはくい）→ P.9

めしおけ → P.9、14

巻きす（まきす）→ P.9

包丁（ほうちょう）→ P.9

6

おいしいおすしが食べられるひみつを探って、おすし屋さんに
やってきました。おすし屋さんのウラ側には、たくさんの職人
さんがはたらいていて、たくさんの道具が置いてあります。お
すし屋さんがどんなくふうをしているか、のぞいてみました。

煮つけ➡P.8

飯台➡P.14

シャリ➡P.8、14

おすし屋さんの おいしさのひみつ

卸売市場の近くにある このおすし屋さんは、朝6時に開店するので、夜中から仕込みをはじめるんだって

おすし屋さんの 1日を見てみよう

① 仕入れ

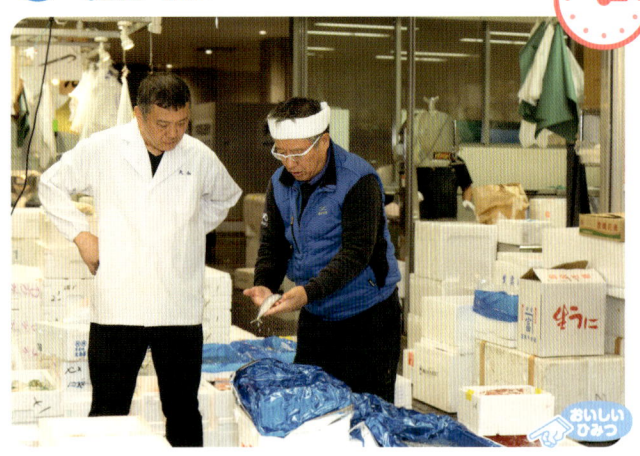

仲卸業者さんと相談をして、新鮮な魚介類を仕入れます。電話で注文して届けてもらうことも。

② 仕込み（さばく）

仕入れた魚をさばいて、すしダネにします。イワシなどは骨をていねいに取りのぞきます。

③ 仕込み（煮つけなど）

アナゴは、さばいたあとで、あまからく、ふっくらするまで煮ておきます。

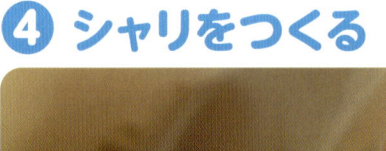
魚をさばいたり、シャリをつくったりする作業は、営業中もつねに行っているよ！

④ シャリをつくる

ご飯を炊いて酢や砂糖などで味をつけ、おすし用のご飯"シャリ"をつくります。

❺ 開店準備

カウンターをふいて、おはしやしょうゆ皿を整えて、開店準備完了です。

❻ 接客

お客さんとお話しするのも大事な仕事。お客さんにおすすめのすしダネを教えることも。

❼ おすしをにぎる

お客さんの注文を受けて、にぎりずしや巻きずしなどをつくります。

❽ 閉店

カウンターや調理場をすべてきれいにして、大事な包丁もきちんと研いで閉店です。

生ものをあつかうので清潔さが大事なんだ！

和帽子
かみの毛を落とさないためにかぶります

調理白衣
毎日清潔な白衣を着ます。動きやすいのが◎

前掛け
仕込みのときに汚れないようにつけます

おすし屋さんの服装と道具

包丁
切れ味バツグン！魚をさばくときに使います

めしおけ

できたシャリを入れておきます

巻きす

巻きずしをつくるときに使います

すしげた

できたおすしをのせてお客さんに出します

おすし屋さんは、どういうふうにおすしをにぎっているの？中トロのにぎりができるまでを見てみよう！

❶ すしダネを切る

注文を受けたら、冷蔵庫から「サク」（13ページ）を取り出し、1人分を切り出します。

❷ わさびをつける

すしダネを持って、わさびをつけます。お客さんの希望で、わさびをつけないときもあります。

❸ シャリをのせる

シャリの量は約15グラム。プロの職人は、はかりを使わなくてもだいたい同じ重さになるんだ！

めしおけからシャリを取り出し、すしダネの上にのせます（まん中の指のひみつは右ページ）。

❹ にぎる

シャリの形をととのえながらにぎります。**すしダネが温まらないよう、**手早く行います。

おいしいひみつ

❺ 仕上げ

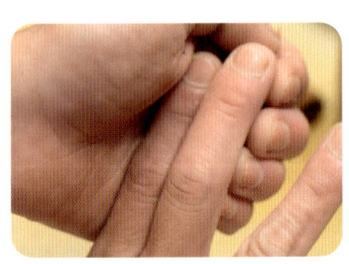

最後にすしダネのほうから、かるくひとにぎりすれば、中トロのにぎりの完成！

もっとおいしく するくふう

おすしをもっと
おいしくするために、
いろいろなくふうを
しているんだって!

◆ シャリをふわっとさせる

おすしを食べたとき、口の中でふわっとシャリがほどけることで、軽く、たくさん食べられます。そのために、**まん中を指で押して空洞をつくっています。**

おいしいひみつ

◆ かくし包丁を入れる

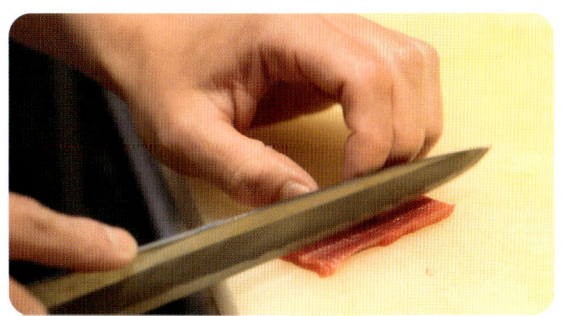

「かくし包丁」は、すしダネに軽く包丁を入れて切れ目をつけることです。魚のスジが切れて、食べやすくなります。

◆ 「つめ」をぬる

すしダネによっては、砂糖としょうゆなどを煮つめた**「つめ」をすしダネにひとぬり**して、おいしく食べられるようにしています。

おいしいひみつ

◆ 希望に合わせて 「あぶり」を入れる

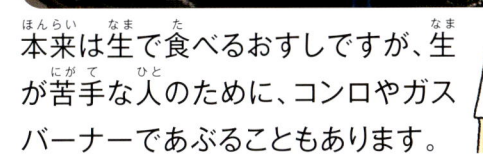

あぶると
香ばしさが
加わって
おいしくなるよ!

おいしいひみつ

本来は生で食べるおすしですが、生が苦手な人のために、コンロやガスバーナーであぶることもあります。

おすしをにぎるロボット

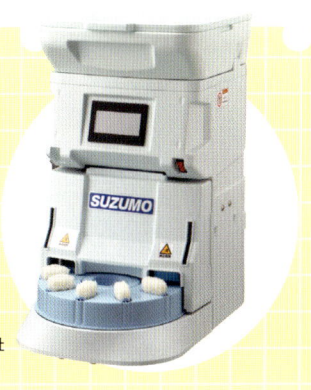

　回転ずし店やスーパーなどでは、おすしをにぎるロボットが活躍しています。タンクにシャリを入れ、スイッチを入れるだけで、にぎりの形に成形し、あとはすしダネをのせるだけでにぎりずしができあがります。巻きずしをつくるロボットもあります。

写真提供:鈴茂器工株式会社

すしダネの切り方のひみつ

すしダネは、それぞれで切り方・あつかい方がちがうんだって

◆イワシの切り方

❶頭と内臓を取りのぞいて、水洗い

ウロコを取ったら、頭と内臓をきれいに取りのぞきます。これはアジやタイなど、イワシ以外のすしダネにも共通する作業です。

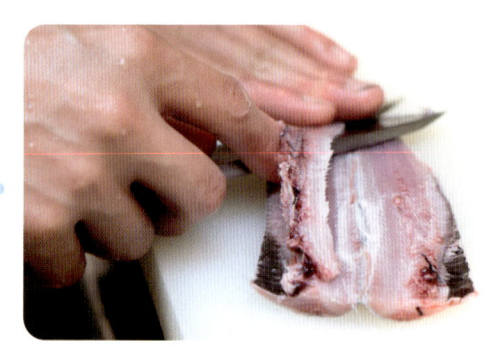

❷おなかから割いて、骨を取る

おなかから切って開いたら、背骨だけを切り取ります。そのあと、腹骨をうすくそぎ落とし、尾びれや背びれなどを切り落とします。

❸塩をふって、しばらくおく

かごにならべて、全体に軽く塩をふって10〜15分おきます。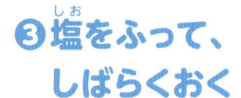**余計な水分を出して、くさみを取り、おいしく仕上げる**ためのくふうです。

❹氷水で洗ってから、甘酢でしめる

氷水でさっと洗って塩を落としたら、甘酢（砂糖で味付けした酢）にくぐらせて身を引きしめます。最後に、ピンセットで小骨を1本1本取りのぞきます。

完成！

おいしいおすしのためには、ていねいな作業が欠かせないんだ！

◆ アナゴの切り方

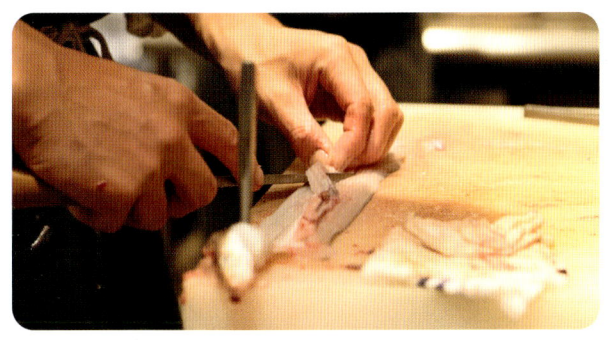

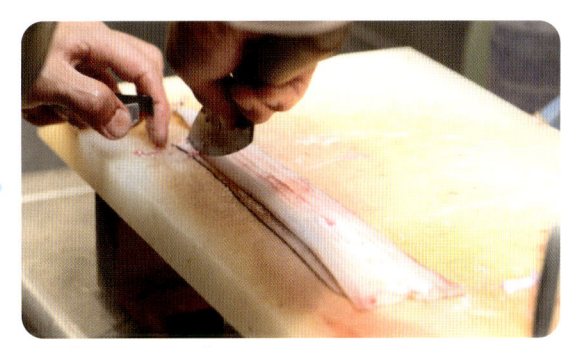

❶ 頭に串を打ってからさばく

アナゴは、ウナギのように細長い魚です。頭の近くを「目打ち」と呼ばれる道具で固定し、背中側からさばいて、長い背骨を取ります。

❷ 背びれや尾びれなどを取る

おなかから切って開いたら、腹骨をうすくそぎ落とし、背びれや尾びれなどを切り落とします。

◆ ほかにもこんな切り方が

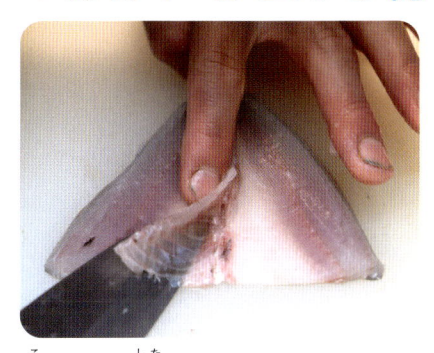

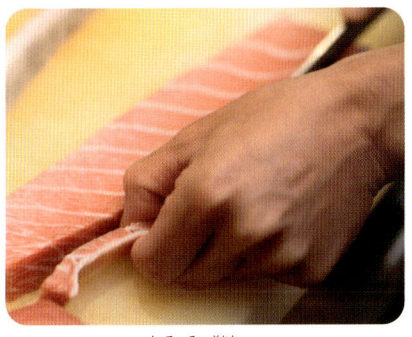

小アジの下ごしらえは、イワシとよく似ていますが、開き方は背中側から切る背開きです。**身が大きな三角になり、食べやすくなります。**

タイなどの白身魚では、あえて皮を残すこともありますが、マグロなどは厚くてかたい皮を取りのぞきます。

すしダネによっては、切れ目を入れることではなやかに見せつつ、食べやすくするくふうをしています（写真はアカガイ）。

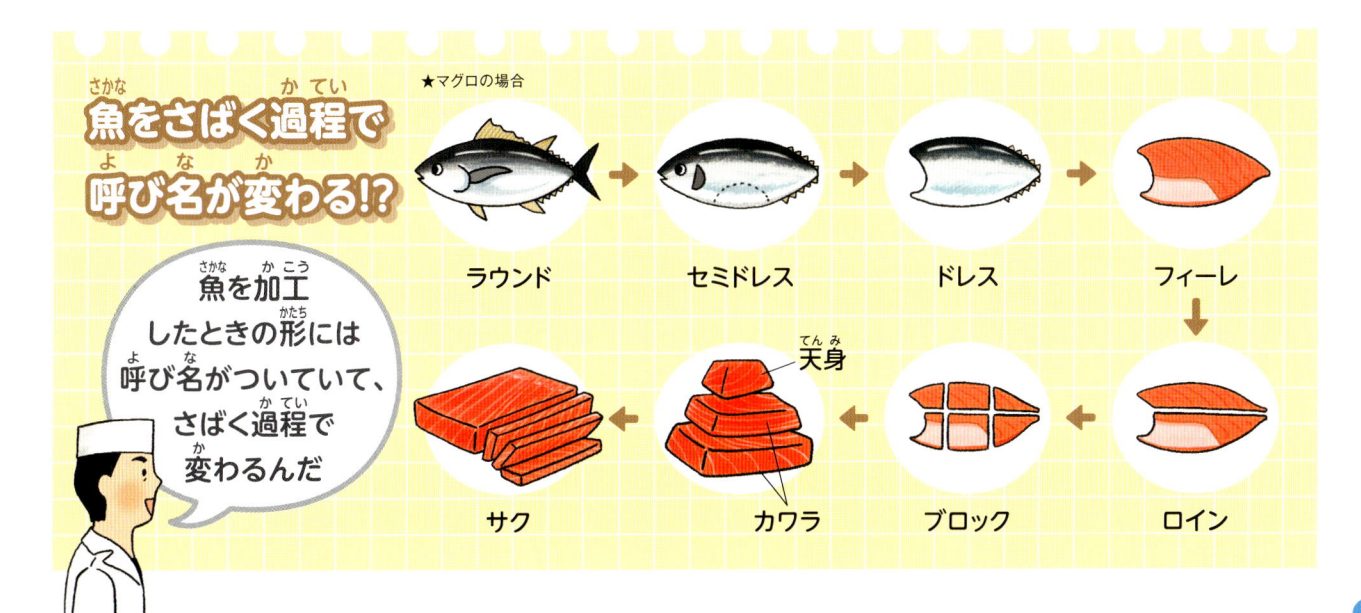

魚をさばく過程で呼び名が変わる!?

魚を加工したときの形には呼び名がついていて、さばく過程で変わるんだ

★マグロの場合

ラウンド → セミドレス → ドレス → フィーレ

サク ← カワラ（天身） ← ブロック ← ロイン

おいしいシャリのひみつ

酢飯（すめし）のことを「シャリ」っていうんだ。すしダネの味（あじ）を引き出（ひきだ）すためのくふうを見（み）てみよう！

❶ ご飯（はん）を炊（た）く

このお店では、ガス釜（がま）を使（つか）い、1回（かい）に3升（しょう）（約（やく）4.5kg）のお米（こめ）を炊（た）きます。1日（にち）に5回（かい）ほどご飯を炊（た）きます。

茶（ちゃ）わん1杯（ぱい）の米（こめ）の量（りょう）（炊（た）く前（まえ））が約65gとすると、3升（しょう）は約（やく）70杯分（ぱいぶん）だね

❷ すし酢（ず）をかける

おいしいひみつ

ご飯（はん）が炊（た）けたら、20分（ぷん）蒸（む）らします。これがシャリをおいしくする大事（だいじ）な時間（じかん）です。蒸（む）らし終（お）えたら、「飯台（はんだい）」という大（おお）きな木桶（きおけ）にご飯をうつします。軽（かる）くまぜてから、すし酢（ず）をかけます。すし酢（ず）は、酢600mL、砂糖（とう）80g、塩（しお）50gをまぜたものです＊。

❸ さましながらまぜる

ご飯とすし酢（ず）をよくまぜ合（あ）わせます。しゃもじは根元（ねもと）を軽（かる）く持（も）って、ご飯をつぶさないよう、切（き）るようにななめに動（うご）かします。少（すこ）しまぜたら、うちわであおいでご飯をさましながら、**1粒（つぶ）1粒（つぶ）にすし酢（ず）がいきわたるよう、ていねいにまぜます。** おいしいひみつ

❹ めしおけへ

すし酢（ず）がご飯（はん）になじんだら、シャリのできあがりです。シャリをめしおけにうつしかえて、カウンターでおすしをにぎっている職人（しょくにん）さんにわたします。

そのあと、調理場（ちょうりば）ではまたお米（こめ）を炊（た）きはじめるんだね

＊大和寿司（やまとずし）（東京（とうきょう）・豊洲（とよす））の場合（ばあい）。お店（みせ）によって分量（ぶんりょう）はことなります。

回転ずしのひみつ

◆ 回転ずしはいつからあるの？

日本初の回転ずし店は、1958年に大阪府東大阪市で生まれました。創業者が、ビール工場のベルトコンベアをヒントにして、店のカウンターに回転式のコンベアを取りつけたのがはじまりです。

1970年に開催された日本万国博覧会（大阪万博）に出店すると、店の前に行列ができるほどの大盛況となりました。それをきっかけに、回転ずしは大ブームを巻き起こし、日本全国に店舗を増やしていったのです。

1970年の大阪万博に出店した回転ずし店
写真提供：元禄産業株式会社

◆ 回転ずし店のさまざまなくふう

日本の回転ずし店では、ほとんどのレーンが右回りです。右利きの人が多いため、左手で皿を取りやすくするためといわれています。また、レーンをよく見ると、魚のウロコのような形の板がいくつもつながっています。これは、皿が曲がり角でスムーズに曲がって、落ちないように考え出されたくふうです。

最近では、注文や会計に、タッチパネルを導入する店が増えました。注文や会計をスムーズにして、食品ロスを少なくするために、デジタル技術の活用も進められています。

板が回転しながら動くことで、カーブをスムーズに曲がる

レーンが動く速さは毎秒4cmくらいとされている

おいしいおすしがお手ごろ価格で食べられるように、いろいろなアイデアが取り入れられているね！

回転レーンを画面上で再現した大型タッチディスプレイ。画面をタッチして商品の検索や注文ができる
写真提供：株式会社FOOD & LIFE COMPANIES

卸売市場を
のぞいてみよう

プレートつきの
帽子 → P.21

手やり → P.19

ターレットトラック → P.20

トロ箱 → P.21

手かぎ → P.21

おすし屋さんがすしダネ（魚介類）を仕入れている卸売市場にやってきました。広い卸売市場には、おすし屋さんや魚屋さんなどのほか、卸売業者さんや仲卸業者さんと呼ばれる人たちがはたらいています。どんなところか、のぞいてみました。

セリ➡P.19

マグロの尾➡P.21

仲卸業者➡P.20

おいしい魚介類を手に入れるひみつ

> おすし屋さんで食べられる新鮮な魚介類は、おもに卸売市場から仕入れられているんだって！ 卸売市場はどんなところかな？

卸売市場ってどんなところ？

◆ 魚介類が取り引きされる2つの卸売市場

海でとられた魚介類は、陸あげ（陸におろすこと）されたあと、「卸売市場」に運ばれ、仲卸業者や加工業者などに向けて売られます。卸売市場には、港の近くに多い「産地卸売市場」と、大都市に多い「消費地卸売市場」の2つがあります。

産地卸売市場では、漁師や漁港の人たちが魚介類を種類や大きさなどで仕分け、地元の仲卸業者や加工業者に売ります。その後、一部の水産物が消費地卸売市場に運ばれ、卸売業者を通じて消費地の仲卸業者などに売られます。

卸売市場では、魚介類の一部の値段を「セリ」によって決めています。セリとは、卸売業者が多くの買い手に値をつけさせて、いちばん高い値をつけた相手に売る方法です。

◆ 消費地卸売市場の仕事の流れ ★市場によってことなります。

❶ 魚が運ばれてくる
セリの前日の夜から、魚介類が全国各地から運ばれてきます。夜明けごろには、大型トラックや保冷車などでにぎわいを見せます。

> マグロがいっぱいならんでいるね！

❷ 魚をならべる
魚介類が市場の中にならべられると、仲卸業者や売り買いに参加する人が、セリの下見をします。

❸セリを行う

セリでは、仲卸業者などの買い手が「手やり」という手指の動きを使って、売り手である卸売業者に希望する値段や数をしめします。

手やりでは、1から9までの数をあらわすことができるよ。卸売業者は、たくさんの人の手やりを見て、すぐに買い手を決めるんだ。数千トンもの魚介類が、2時間ほどの間に売り買いされるんだ！

手やりの例

 3　 6　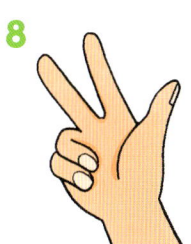 8

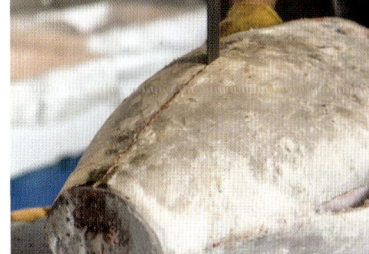

❹魚を運び出す

魚介類は鮮度が大事。セリで売買されたら、すぐに各地へ運び出されます。買い手が仲卸業者であれば、市場内にあるお店までターレットトラック（20ページ）などを使って運びます。

❺魚を解体する

仲卸業者は、魚を解体して、お客さんが買いやすい大きさに切りそろえます。冷凍のマグロは、専用の大きな電動ノコギリを使って切り分けます。

仲卸業者さんの "目利き"

"目利き"は、「たくさんある食材の中からお客さんの希望に合ったおいしいものを見つける力」のことなんだって！

◆ 仲卸業者ってなに？

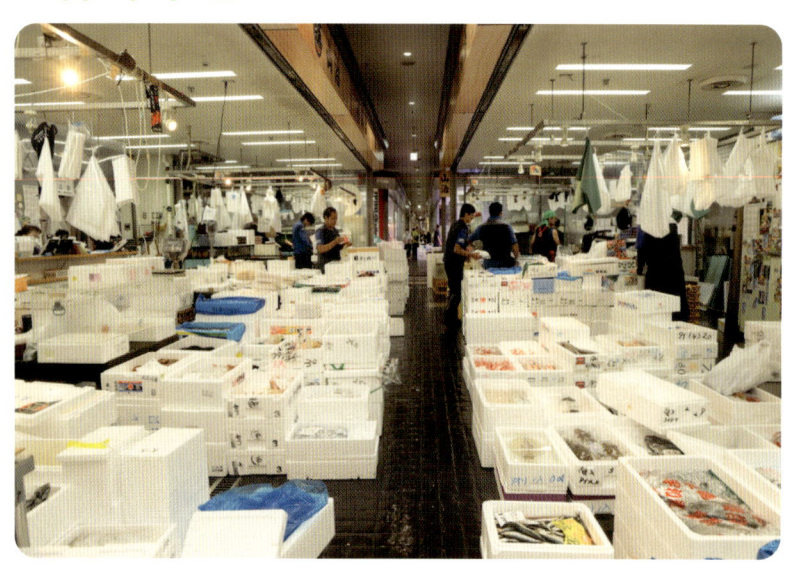

仲卸業者は、卸売市場に集まったいろいろな魚介類を卸売業者などから買い入れ、おすし屋さんやお魚屋さん、スーパーなどの小売店へ売る業者のことです。仲卸業者によっては、マグロだけ、貝だけという専門業者もいます。仲卸業者の中でも、セリ場に行ってセリに参加する人を「仲買人」といいます。

魚の種類や新鮮さ、旬かどうか、手ごろかどうか。あるいは生きたままがいいのか、三枚おろしにするか、開きにするかなど、買い入れる魚の種類や加工を、買ってくれるお店に合わせます。

仲卸業者に入らずフリーで活動する仲買人もいるんだ！

市場を走るとくしゅな車

魚の入ったトロ箱などを荷台に積んで、市場と仲卸業者のお店を行き来する車を「ターレットトラック」といいます（市場の人たちは「ターレー」と呼んでいます）。1人乗りで、立って乗るのが基本です。市場の建物内を移動するものですが、道路を走ることもあります。

◆仲卸業者は魚の どういうところを見る？

マグロは、市場で買われた直後に解体されることも多いんだよ

セリ場では、マグロの尾の断面を見るんだって

マグロは切り身で判断

うすい切り身を見て、身の赤み、つやのよさ、弾力、血合いの色などで判断します。おいしいひみつ

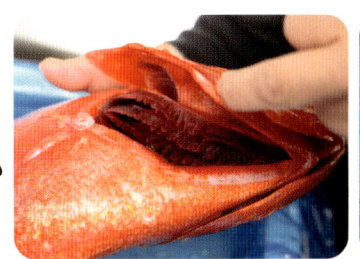

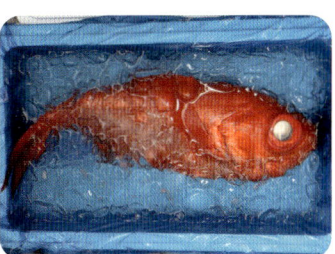

キンメダイはエラや目を見る

エラがきれいな赤色かどうか、目は澄んでいるか、などで見きわめます。おいしいひみつ

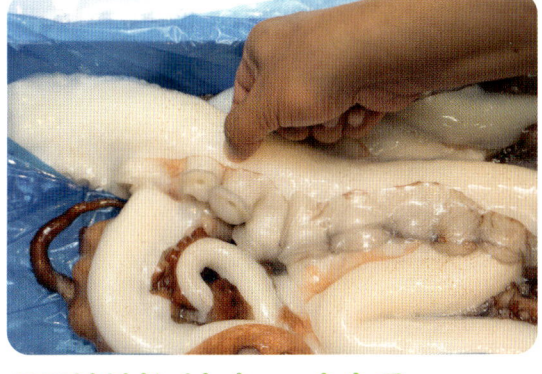

タコははじくとキュッとなる

水ダコなどは足を指ではじくと、ちぢんで身がかたくなります。その反応のはやさや、身のかたさで判断します。おいしいひみつ

カレイやヒラメは身の厚みと色

身が厚いか、身の断面が白くなっていないか、エンガワ（ヒレを動かす筋肉）がしっかりしているかを見ます。おいしいひみつ

仲卸業者の道具

プレートつきの帽子

市場の登録を受けた仲買人が、セリに参加するときにつける帽子。業者名や登録番号などが書いてあります＊。

トロ箱

魚介類を入れる箱。発泡スチロールのものは断熱効果が高く、氷を入れて新鮮さをたもちます。

手かぎ

冷凍マグロなどの身が人の体温でいたまないよう、かぎの先で引っかけて移動させます。

かぎ

包丁

魚の大きさに合わせて、長いものから短いものまで、何本もの包丁を使い分けます。

＊市場によってことなります。

魚介類の品質を守るひみつ

海でとれた魚介類は、時間がたつと悪くなってしまうはずなのに、どうしておいしく安全に食べることができるのかな!?

おいしい魚介類が届くまで

◆ 産地卸売市場でのくふう

魚介類の流通の出発点である産地卸売市場では、徹底した衛生管理が行われます。陸あげされた魚介類は、トロ箱やパレット（トロ箱を乗せて運ぶための台）などを使ってならべ、通路や床に直接置かないようにします。

魚介類を大きさや種類で正確に仕分けすることで、適正な価格で取り引きされ、それが品質を守ることにもつながるんだ

陸あげ後、選別されるイセエビ。魚介類の選別は、漁師さんや漁港の関係者などによって行われる

鮮度をたもち、雑菌を増やさないために、陸あげしたマグロやカジキなどは、すみやかにアルミ製のすのこの上に、氷をしいてならべる場合もある

市場ではたらく人はこんなことに気をつけているよ!

清潔な状態で仕事をする

市場の関係者が場内に入る前には、手洗いはもちろん、長ぐつを洗って消毒することがルールになっています。

道具の衛生面に配慮する

市場で使う水そうやトロ箱などはこまめに洗浄し、衛生的な環境で作業できるように気をつけています。

★わかりやすくするために複数の市場の写真を使用しています。

◆活魚水そうって何?

卸売市場のなかには、「活魚水そう」を導入しているところもあります。水そうに海から海水をくみ上げ、適切な水温をたもちながら生かすしくみです。魚介類にストレスをあたえずに、鮮度をたもったまま取り引きをすることができます。

ヒラメの活魚水そう

イセエビの活魚水そう

魚介類によって、ピッタリな水温はさまざまだよ。活魚水そうには、水温を調整できるものがあるんだ

◆市場で使う海水や氷のくふう

近年の市場では、使われる氷や海水を殺菌したり、「シャーベット氷」で魚介類をしっかり冷却したりと、菌の増殖や鮮度の低下を防ぐ対策が行われています。

シャーベット氷や活魚水そう、道具の洗浄など、用途に合わせて清浄水を使い分けているんだって!

細かい球状になった「シャーベット氷」は、魚介類を傷つけにくい

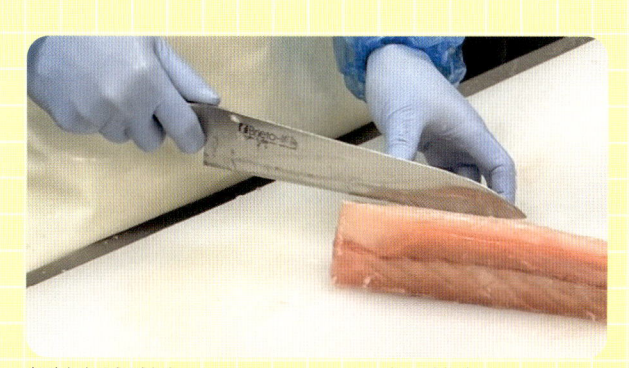
水産加工工場で、マグロのサクを切る様子。スタッフはマスクとゴム手袋を着け、清潔なまな板で作業をする

水産加工工場のお仕事

水産加工工場では、市場から届いた魚介類の選別や、魚をさばく・内臓を取るなどの下処理を行い、塩づけやねり物、干物、冷凍食品などへ加工しています。

真空パックでの梱包や荷づくりまで工場で行う場合が多く、異物がまざっていないかなどを目で見るだけでなく、機械も使って点検します。

魚介類の新鮮さをたもつ技術

◆ 魚をしめる技術

魚を「しめる」ことで、魚の新鮮さをたもつことができます。魚のしめ方には、いろいろな方法があります。とった魚に刃物を入れて即死させ、血ぬきをする方法を「活じめ」といいます。このように処理をすることで、鮮度がたもたれ、身の歯ごたえがよくなるとされています。

また、細いワイヤーで魚の神経の束をとりのぞく方法を「神経じめ」などといいます。

魚のしめ方の一例

❶ 頭蓋骨に手かぎなどを入れ、脳をこわして動きを止める

❷ エラから刃物を入れ血管を切り、血をぬく(血ぬき)

❸ 背骨にある神経の通っている部分にワイヤーを入れて、神経をとりのぞく

❹ 魚の体の大きさなどに応じて氷の量を調節し冷やす

◆ 魚介類を冷やしてしめる技術

冷たい海水と氷の入った水そう(魚そう)に、とった魚介類を入れてしめる方法を、「氷じめ」や「野じめ」などといいます。

また、漁によっては、漁をする船とは別に、魚介類を運ぶための船(運搬船)が同行することがあります。魚そう内の水温が0℃に近い状態にたもたれているものや、氷水で満たされているもの、急速冷凍できるもの(右ページ)など、さまざまな運搬船があります。

漁船の中ですばやく魚介類を冷やすことで、新鮮な状態のまま港へ持ち帰ることができるんだね!

鳥取県・境港市で、運搬船から陸あげされるクロマグロ

◆冷凍する技術

遠くの海で行う遠洋漁業（32ページ）では、漁が長期間にわたるため、とった魚介類をすぐに冷凍して鮮度をたもちます。

遠洋でとられたマグロは、船上で血をぬくなどの処理がなされ、マイナス60℃で冷凍されます。そして、冷凍された状態のまま、冷凍運搬船や冷凍コンテナなどによって運ばれます。

遠洋漁業でとられたマグロは、船の中で急速冷凍される

冷凍されたマグロを、冷凍コンテナに積みこんで運ぶ

魚介類を冷凍したまま運ぶことができるなら、遠くの海で漁をしても安心だね！

寄生虫による食中毒をふせぐために

サバやアジ、イカなどには、アニサキスという寄生虫の幼虫がひそんでいることがあります。あやまって食べてしまうと、はげしい腹痛や吐き気を引き起こすことがあります。被害をふせぐため、魚を冷凍したり内臓をすばやく取りのぞいたりするほか、お店で魚をさばく職人さんが、アニサキスがいないかを目で確認しています。

ブラックライトの光を魚介類に当てると、アニサキスがいる部分だけ光る（光らない種類もある）

アニサキスは一定時間冷凍することで、死滅させることができるよ！

輸入される魚介類を見てみよう

ぼくたちが食べている魚介類は、海外から輸入しているものがたくさんあるんだって！どんな方法で日本に運ばれてくるのかな？

◆船での輸入

　大きな船では、一度にたくさんの荷物を運べるので、荷物の重さや大きさに制限が少なく、輸送にかかる費用をおさえることができます。

　また、高い保冷技術を持つ冷凍コンテナの導入により、数か月にわたる長期の輸送でも、魚介類の鮮度がたもてるようになり、海の流通網が発達しました。

◆飛行機での輸入

　成田国際空港（千葉県）は、航空便による魚介類の輸入がさかんで、「成田漁港」とも呼ばれています。2022年には、成田国際空港における魚介類の輸入量は30,371トンにのぼりました。ウナギ、サケ、マグロなどが多く取り引きされています*。

成田国際空港・第3旅客ターミナルビルに隣接する貨物ビル内で、生鮮食品の入ったケースを運ぶ様子

*出典：東京税関ホームページ

インドネシアから輸入されたマグロ（成田国際空港）

日本から海外に輸出される魚介類もある（写真は北海道産の毛ガニ［成田国際空港］）

成田国際空港には、外国からたくさんの魚介類が届くよ！

魚介類を生きたまま運ぶ技術

◆水そうを乗せた車!?

荷台に水そうを乗せた「活魚車」と呼ばれるトラックは、陸あげされた魚介類を生きたままの状態で運ぶことができます。

水そうは、**ろ過装置などによって自然に近い環境に整えられ、魚介類にストレスをあたえない**ようになっています。また、水温計や監視カメラもついているため、運転室内からこまめにチェックすることもできます。

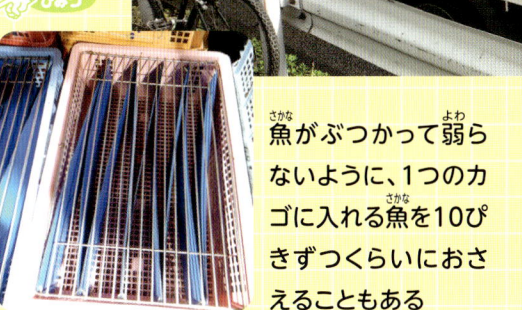

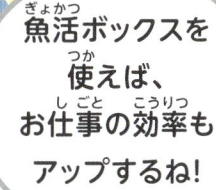
おいしいひみつ

魚がぶつかって弱らないように、1つのカゴに入れる魚を10ぴきずつくらいにおさえることもある

活魚車には、軽トラックや大型のトレーラーなど、さまざまな種類がある

◆魚をねむらせて運ぶ!?

魚活ボックス®は、魚を生きたまま運べる装置です。**海水に二酸化炭素をとけこませ、魚を眠ったような状態にして運ぶこともできます。**こうすることにより、新鮮さをたもったまま輸送できます。

おいしいひみつ

小型の魚活ボックス1台で、150〜200kgの魚を輸送できる

タイを入れたカゴの上に、ヒラメやスズキなどの大きな魚を入れて運ぶ

干物や冷凍品など、ほかの荷物といっしょに、効率よく運ぶことができる

大型トラックの荷台に、フォークリフトを使って魚活ボックスをつみこむ様子

魚活ボックスを使えば、お仕事の効率もアップするね!

漁港と漁船を見てみよう

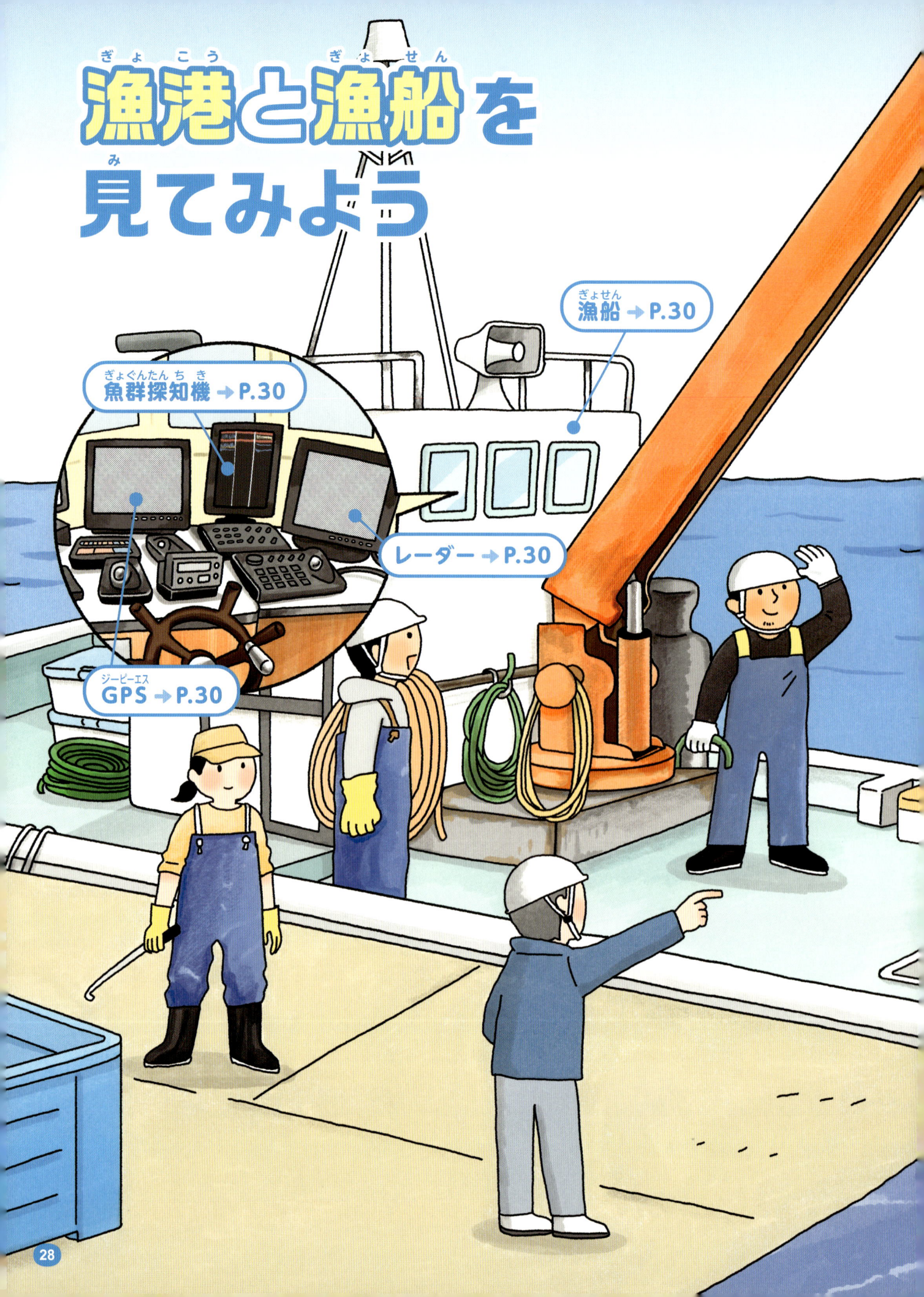

魚群探知機 → P.30

漁船 → P.30

レーダー → P.30

GPS → P.30

たくさんの魚介類が陸あげされる漁港にやってきました。漁港には、魚介類をつんだ漁船のほか、漁師さん、漁港ではたらく人などがたくさんいます。おいしい魚をとるために、どんなくふうをしているのか、のぞいてみました。

魚そう ➡ P.24

おいしい魚をとるひみつ

朝は、魚たちが活発になるころ。漁師さんたちも早起きして漁に出かけていくんだって。沿岸に近い海で漁をする漁師さんのお仕事を見てみよう!

漁師さんの仕事

◆ 漁師さんの1日（沿岸漁業の場合）★漁港、市場によってことなります。

❶ 出港

漁師さんたちは港から漁船に乗り、次々に海へ出ていきます。

❷ 魚をとる

漁師さんたちが、魚群探知機や自分の経験などをもとに、魚の群れをさがしてとります。

漁船の中はどうなっているの?

漁の方法や、とる魚介類の種類などによって、漁船の大きさはちがいます。操舵室には、レーダーやGPS（全地球測位システム）、魚群探知機などのモニターがそなえつけられていることもあります。

魚群探知機

GPS

レーダー

操舵室

超音波を利用して魚のむれを見つける魚群探知機

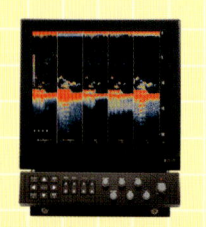

とった魚介類をおいしい状態で港まで持ち帰るため、魚そうに入れて冷やしたり、船の上で活じめ（24ページ）をしたりすることもあるんだって!

❸帰港

出荷に合わせて、船が港にもどります。とってきた魚介類は、種類や大きさなどで仕分けされます。

> たくさんの魚介類がとれた日はとくにいそがしくなるんだよ

❹セリ

> 市場にはたくさんの魚介類が集まってくるよ！

開始の合図でセリがはじまります。出荷が終わると、漁師さんたちは次の日にそなえて、道具を修理したり漁船を洗ったりします。

> 準備が大事なんだね！

安全を守るのも仕事の一つ

海の上で漁をする漁師さんたちは、いつも危険ととなり合わせです。船からの転落や、網に巻きこまれることなどがないように、天候や潮の流れの確認は欠かせません。漁船に不具合がないかチェックすることも大切です。また、漁に出ていないときは、倉庫の中で網を直したり、道具を手入れしたりして安全を守ります。

底引き網漁（32ページ）で使う網を分解して、使いやすいように改良する

事故が起こらないよう、漁船のスクリューや舵はしっかりと点検

漁のちがいを知っておこう

漁師さんは、いろいろな方法で魚介類をとっているよ。漁をする期間や、使う道具もさまざまなんだって。くわしく見てみよう！

◆沖合漁業・遠洋漁業

沖合漁業は、日本の沿岸部から200海里（約370km）あたりで行う漁です。数日から1か月ほどで、アジ、サバ、イワシ、エビなどをとります。

遠洋漁業では、多くの漁師さんを乗せた大型漁船で遠くの海へ出て、魚介類をとります。遠い海で行うので、ときには1年以上帰らないこともあります。漁の時期や魚介類の種類などによって、さまざまな漁法が使われています。

まき網漁

魚の群れのまわりをぐるりと囲むように網を張り、底をしぼって引き上げます。

はえ縄漁

太い縄から、針とエサをつけた、たくさんの細い縄をしかけて、魚を待つ方法です。

底引き網漁（トロール漁）

大きな網を海の底にしずめて、海の深い場所にいる魚やエビ、貝類などをとります。

◆ 沿岸漁業

沿岸漁業は、海岸から近い海で行う漁業です。日帰りの場合がほとんどで、1人から10人ほどの漁師さんが小型の船に乗り、さまざまな魚介類をとります。地域によってとれる魚介類や、漁の方法はちがいます。夜にライトを照らして行う「イカつり漁業」や、海にもぐり素手で貝類などをとる「素もぐり漁」などもあります。

貝や海藻

浅い海の岩場などでは、船の上から長いさおを使って貝類や海藻をとることもあります。

◆ 内水面漁業

川や沼、湖などで行われる漁業です。網などさまざまな種類の道具を使い分け、サケ・マス類、アユ、ワカサギ、シジミなどをとります。

定置網漁

魚が通る道に網を設置しておき、入りこんだ魚をとる漁法です。

定置網漁は
むやみにたくさんの
魚をとってしまうことが少なく、
持続可能性の高い漁法と
いわれています

投網漁

岸や船の上から、魚がいるとされる場所に向かって網を投げてとります。

カツオ一本づり漁

太平洋の沖合などで、漁師さんたちが、つりざお1本でカツオをつり上げる漁法です。船でカツオの群れに近づいて、イワシなどの小魚をまき、カツオがよってきたところを急いでつり上げていきます。

魚介類を育てて とるしくみ

泳いでいる魚を海で
とるだけじゃなく、
人の手で育てる漁業も
あるんだって!

◆養殖って何?

　人工のいけすや自然の中にある養殖場で、魚介類の卵や稚魚、海藻などをめざす状態にまで育ててとることを養殖といいます。海で行う「海面養殖」と、川や湖などで行う「内水面養殖」があります。地域や事業者ごとに、養殖される魚介類の種類は変わります。

海面養殖では、おもに
ブリ、カキ、ホタテ、ノリなどが、
内水面養殖では、おもに
ウナギ、コイ、アユなどの
淡水に生きる魚介類が
育てられるよ

　陸上で人工的に環境をつくり、魚介類を育てる養殖は、「陸上養殖」と呼ばれます。水そうに海水をかけ流したり、ろか装置を使ったりして水質をたもちます。

海面養殖用いけす。
鳥に魚介類を食べられないよう上に網が
張ってある

アワビの陸上養殖の様子。海中でとった天然の海藻をエサにしている

安定して魚介類を
とることができるけど、
養殖設備をそろえるのに
お金がかかるんだって!

◆栽培漁業って何?

　魚介類の卵を、稚魚(稚貝)になるまで育てたあとに、海に放流し、成長させてとる漁業です。卵から稚魚になるまでの期間は、生き残ることがとてもむずかしいため、人が環境を整え管理しながら育てます。ヒラメ、マダイ、ウニ、クルマエビなどの栽培漁業がさかんです。海の資源を守る漁業として、全国各地で栽培漁業が行われています。

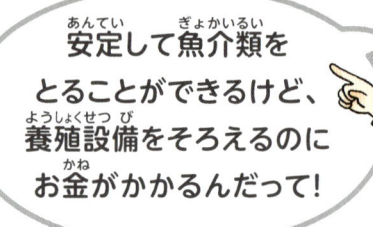

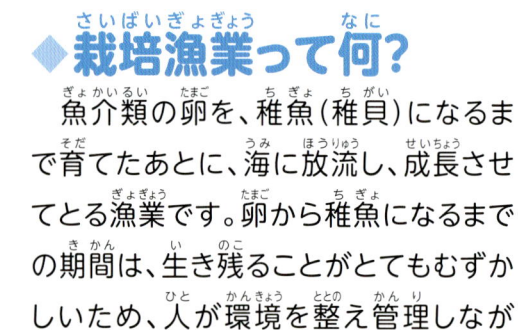

栽培漁業で育てられるアワビの稚貝

海に放流されるヒラメの稚魚

◆ マダイの栽培漁業

★養殖場によってことなります。

❶ 孵化

マダイの受精卵をとり、飼育用の水そうにうつします。受精卵はおおよそ2日から2日半くらいで孵化（卵からかえること）し、2日から7日ほどでエサを食べるようになります。

❷ 飼育

室内の水そうで、体長60㎜～80㎜くらいになるまで人の手で育てられます。成長に合わせて、プランクトンや人工のエサなどをあたえます。

> ワムシはプランクトンの一種なんだって

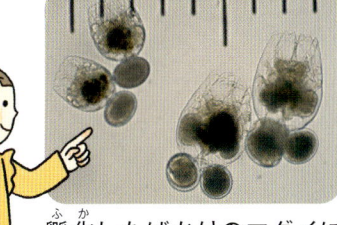

孵化したばかりのマダイにあたえられるワムシ

❸ 放流

じゅうぶんな大きさに育ったら、海に稚魚を放流します。そして、自然の環境で育ったマダイは、漁業者やつり人によってとられます。

マダイ放流効果調査の様子

> 放流による漁獲量の変化などを知るために、定期的な調査が続けられているんだよ

天然魚と人工魚はどうちがう？

　天然の魚と、人に育てられた魚には、見た目にちがいがある場合があります。マダイであれば、天然ものは片側に2つ鼻のあながありますが、人工ものは鼻のあながつながってひとつになっていることが多いのです。

人工

人工マダイの鼻のあな

天然マダイの鼻のあな

天然

養殖場の仕事

魚を育てる養殖も、漁師さんのお仕事のひとつなんだね！ 養殖をする漁師さんたちは、どんなふうにはたらいているのかな？

◆養殖場の1日を見てみよう
（マダイ養殖）★養殖場によってことなります。

①養殖場へ

船で、いけすのある沿岸付近の養殖場へ移動します。

いけすは、湾内の高い波が来ない、おだやかな場所にあることが多いんだよ

②いけすや稚魚の点検

いけす・設備などに不具合がないか、稚魚の様子に変わりはないかなどを見ます。

魚介類を飼育するいけすの環境を守ることも、漁師さんの仕事なんだって！

③飼育・収穫

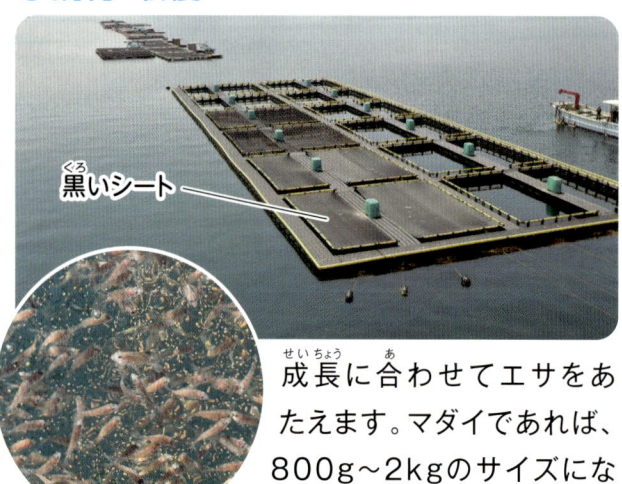

黒いシート

成長に合わせてエサをあたえます。マダイであれば、800g〜2kgのサイズになるまで育てます。マダイは日光をあびると変色するため、出荷が近づくと、黒いシートにおおわれたいけすに移動させます。

④出荷に向けて準備

大きくなった魚介類を陸あげし、活じめするなどして出荷します。魚介類はサイズなどによって仕分けされ、全国の卸売市場や水産加工工場などに出荷されます。

◆カキの養殖を見てみよう

★養殖場によってことなります。

❶から通し

カキの赤ちゃんを付着させるため、ホタテの貝がらと小さなプラスチックの管を、ワイヤーに通していきます。

❸収穫

カキがじゅうぶんな大きさに育ったら、収穫をします。人の手では巻き上げられないほど重いため、専用の機械を使います。

孵化したカキの赤ちゃんは、ホタテの貝がらなどにくっつくよ。環境に慣れさせるために、貝がらを沿岸の干潟につるしてから、海に移動させて育てるんだよ!

❷育成

夏場は、カキの成長をさまたげる、ムラサキイガイやフジツボなどが発生しやすい季節です。また、水面付近の水温が高くなるため、カキを海中につり下げて育てます（手下げ）。

カキの種類によってさまざまだけど、だいたい1年〜3年で出荷できるまでに育つんだって

マグロの完全養殖

完全養殖とは、人工的に孵化させた稚魚を親になるまで育て、その親が産んだ卵を人の手でふたたび孵化させることをさします。近畿大学では、1970年からマグロ養殖の研究に参加。そして、2002年に世界で初めてクロマグロの完全養殖に成功しました。

養殖いけすで配合飼料をあたえる

海のいけすに移動させてから約1か月後のクロマグロ

写真提供：近畿大学

おすしになる魚介図鑑

マグロ

データ
（クロマグロ）

- 名 本マグロ、シビ
- 科 スズキ目サバ科
- 長 約3m
- 分 日本各地

大きな体で、広い海域を泳ぎ回ります。日本では、さしみやおすし、海鮮丼など、生のマグロを切り身にして使う料理が親しまれてきました。ほかに、マグロの身を加工したツナも回転ずしでよく見かけます。

おもなマグロの種類

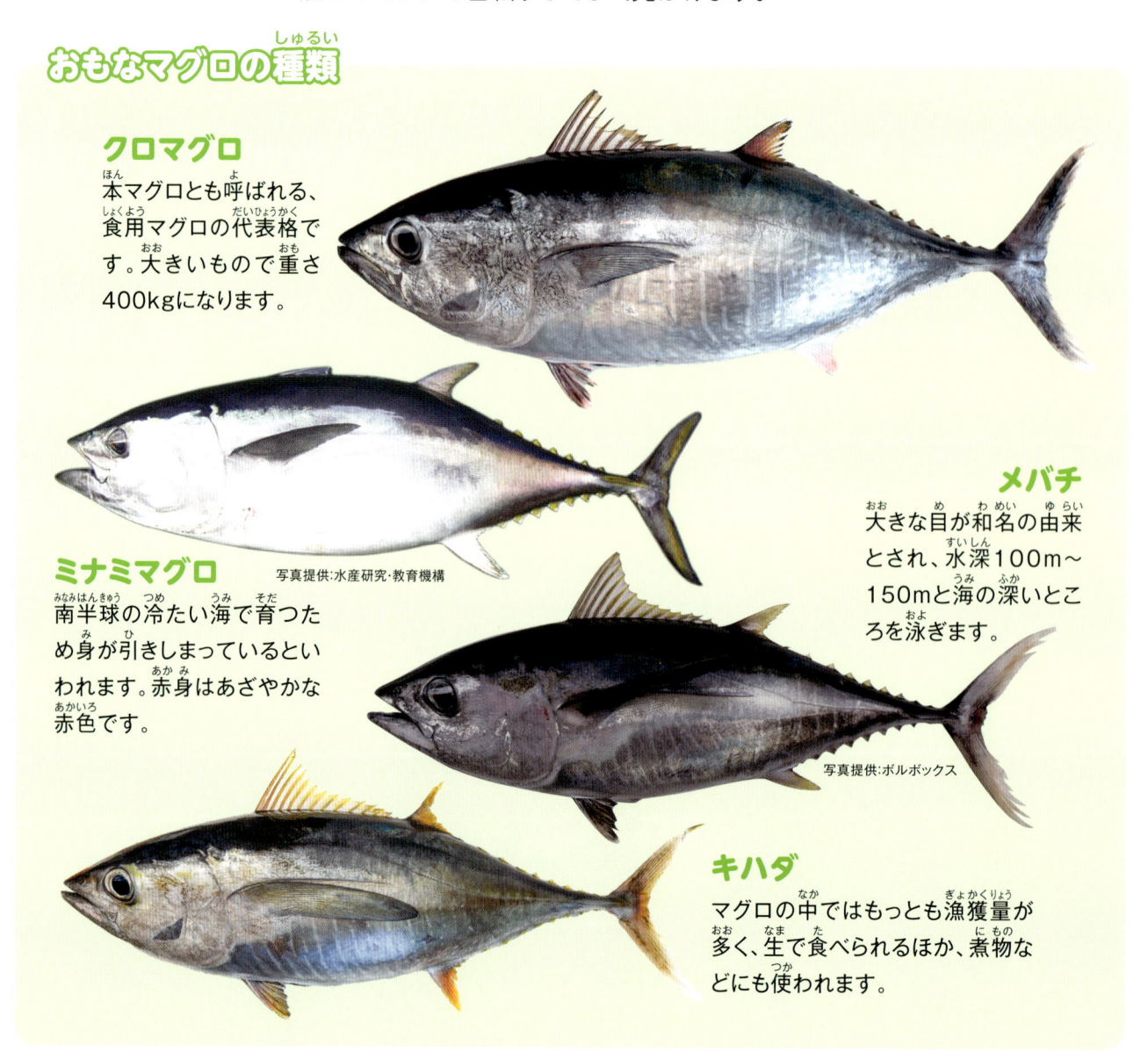

クロマグロ
本マグロとも呼ばれる、食用マグロの代表格です。大きいもので重さ400kgになります。

ミナミマグロ
南半球の冷たい海で育つため身が引きしまっているといわれます。赤身はあざやかな赤色です。

写真提供：水産研究・教育機構

メバチ
大きな目が和名の由来とされ、水深100m〜150mと海の深いところを泳ぎます。

写真提供：ボルボックス

キハダ
マグロの中ではもっとも漁獲量が多く、生で食べられるほか、煮物などにも使われます。

サーモン

データ
（トラウトサーモン）

- 名 ニジマス
- 科 サケ目サケ科
- 長 約40cm
- 分 日本各地に移入

日本のおすし屋さんで食べられるサーモンのほとんどは、養殖のトラウトサーモンやアトランティックサーモンです。チリ、ノルウェーなどでの養殖がさかんで、人気の高いすしダネのひとつです。

おもなサーモンの種類

トラウトサーモン（サーモントラウト）
ニジマスを改良した養殖の品種です。ソテーなどでも食べられます。

アトランティックサーモン（タイセイヨウサケ）
美しいサーモンピンク色の身が特徴です。脂ののりがよくトロッとした口当たりです。

イクラ

データ
- 名 ばらこ
- 科 サケ目 サケ科の魚卵
- 長 直径約6mm
- 分 北海道ほか

サケやマスなどの卵（すじこ）を膜からはがし、1つぶずつに分けたものです。しょう油や塩につけこんで食べます。おすしでは軍艦巻きのタネになり、プチッとはじける食感が楽しめます。

カジキ

データ
（マカジキ）

- 名 マカジキ
- 科 スズキ目 マカジキ科
- 長 約3.8m
- 分 日本各地

日本で食用とされるのは、マカジキとメカジキが多いようです。カジキは「カジキマグロ」と呼ばれることもありますが、マグロとは別の魚です。脂が少なくあっさりとした味わいが特徴です。

イカ

データ
（アオリイカ）

名 バショウイカなど
科 ツツイカ目ヤリイカ科
長 （胴の長さ）約10〜50㎝
分 北海道から九州までの日本沿岸

三角形の耳はコリッと歯ごたえがあり、胴体はねっとりとした舌ざわりです。全体的に、ほのかなあまみがあります。足はゲソと呼ばれます。

おもなイカの種類

ケンサキイカ
先がとがった剣のような形をしています。身はあまみが強く、加熱してもかたくなりにくいのが特徴です。

アオリイカ
身は肉厚でやわらかく、ほどよい弾力があります。高級なイカとしても知られています。

エビ

データ
（クルマエビ）

名 ホンエビ、マエビなど
科 十脚目クルマエビ科
長 約20㎝
分 北海道南部以南

子どもから大人まで、みんなに人気のエビは、カニと同じ甲殻類で、殻をむいて、生かゆでたものをにぎりにします。

おもなエビの種類

クルマエビ
丸まった姿と黒い横しまが特徴です。おすしや天ぷらの定番として知られます。

バナメイエビ
流通量が多く価格が安いため、スーパーなどで手軽に買うことができます。

アマエビ（ホッコクアカエビ）
身は小さく、透明感のあるオレンジ色をしています。あまみが強くトロリとした食感です。

タコ

データ
（マダコ）

- 名 マダコ
- 科 八腕形目（はちわんけいもく）マダコ科（か）
- 長 40〜60㎝
- 分 本州北部（ほんしゅうほくぶ）以南（いなん）

マダコは生（なま）のものをうすく切（き）ったり、ゆでてから調理（ちょうり）したりして食（た）べられます。食用（しょくよう）とされるタコの中（なか）でも小（ちい）さなイイダコは、おでんの具材（ぐざい）としても重宝（ちょうほう）されます。

ウニ

データ
（エゾバフンウニ）

- 名 ガゼ、ガンゼなど
- 科 ホンウニ目 オオバフンウニ科（か）
- 長 殻径約6㎝（かくけいやく）
- 分 東北地方北部（とうほくちほうほくぶ）から北海道（ほっかいどう）の海藻（かいそう）の多（おお）い岩礁帯（がんしょうたい）

ウニには多（おお）くの種類（しゅるい）がありますが、日本（にほん）で食用（しょくよう）とされるのは数種類（すうしゅるい）です。軍艦巻（ぐんかんま）きや海鮮丼（かいせんどん）など、おもに生（なま）で食（た）べられます。とろけるような独特（どくとく）の食感（しょっかん）が人気（にんき）です。

カンパチ

データ

- 名 アカバナ、シオなど
- 科 スズキ目（もく）アジ科（か）
- 長 0.8〜1.5m
- 分 日本各地（にほんかくち）

頭部（とうぶ）にある八（はち）の字（じ）の線（せん）が名前（なまえ）の由来（ゆらい）とされています。コリコリとした身（み）は脂（あぶら）がほどよく乗（の）っています。近年（きんねん）、日本（にほん）ではさかんにカンパチの養殖（ようしょく）が行（おこな）われており、生産高（せいさんだか）1位（い）は鹿児島県（かごしまけん）です。

コハダ

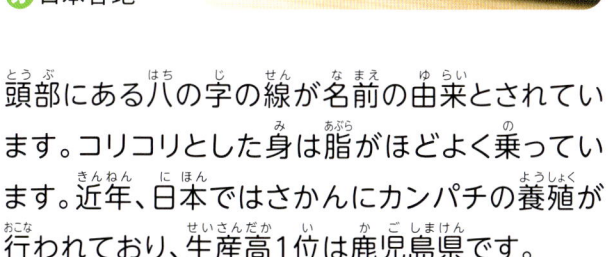

データ

- 名 コノシロ
- 科 ニシン目（もく）ニシン科（か）
- 長 約26㎝（やく）
- 分 琉球列島（りゅうきゅうれっとう）・伊豆諸島（いずしょとう）・小笠原諸島（おがさわらしょとう）をのぞく日本（にほん）各地（かくち）

成長（せいちょう）に応（おう）じてシンコ→コハダ（約10㎝）（やく）→コノシロと呼（よ）び方（かた）が変（か）わる出世魚（しゅっせうお）です。すしダネになるのはおもにシンコやコハダで、小（ちい）さいもの（若（わか）いもの）ほど高価（こうか）になります。

ヒラメ

データ
- 名 ヒラメ
- 科 カレイ目
  ヒラメ科
- 長 約80cm
- 分 琉球列島を
  のぞく
  日本各地

両目が体の左側にならんでついていて、カレイとくらべて口が大きく、歯がするどいのが特徴です。あっさりとした味わいで、エンガワ(ヒレを動かす筋肉)は貴重な食材です。

ホタテ

データ
- 名 ホタテガイ
- 科 イタヤガイ目
  イタヤガイ科
- 長 殻径
  約20cm
- 分 東北地方
  以北

おすしとして食べられるのは貝柱とよばれる白くふくらんだ部分で、強いあまみをもっています。貝柱は筋肉で、貝柱の力で貝がらをパクパクと開いたり、閉じたりして敵から逃げます。

アカガイ

データ
- 名 アカガイ
- 科 フネガイ目
  フネガイ科
- 長 殻長約12cm
- 分 日本各地

赤い身が美しいアカガイの貝がらには放射肋という直線状の筋が入っています。おすしには砂にもぐるために発達した足が使われ、コリっとした歯ごたえが特徴です。

アワビ

データ
- 名 アワビ
- 科 原始腹足目
  ミミガイ科
- 長 殻長
  約20cm
- 分 北海道南部
  ～九州

巻貝の一種で、古くは縄文時代から食べられていたといわれています。コリコリとした食感が楽しめるアワビは、おすしの中でも高級なすしダネのひとつとして知られています。

タイ

データ

- 名 マダイ
- 科 スズキ目_{もく}タイ科_か
- 長 約1m_{やく}
- 分 日本各地_{にほんかくち}

赤色の体は縁起がよいとされ、古くからお祝いや神事の席で「めでたい魚」として食べられてきました。エビやカニの殻もかみ砕けるほど、じょうぶなあごと歯をもっています。

キンメダイ

データ

- 名 キンメダイ
- 科 キンメダイ目_{もく}キンメダイ科_か
- 長 約30cm_{やく}
- 分 北日本、南日本_{きたにほん みなみにほん}

水深200〜800mの深海に住む魚で、金色にかがやく大きな目とマダイのような赤い体をもっていることからキンメダイとよばれています。身がやわらかく、脂ののりのよさが特徴です。

クロダイ

データ

- 名 チヌ
- 科 スズキ目_{もく}タイ科_か
- 長 約50cm_{やく}
- 分 琉球列島をのぞく日本各地_{りゅうきゅうれっとう にほんかくち}

体の色や背びれが黒いことからクロダイとよばれていますが、地域によってはチヌとも呼ばれます。とれる地域によって味が大きくちがいますが、脂が少なく、弾力のある身が特徴です。

スズキ

データ

- 名 セイゴ、フッコ
- 科 スズキ目_{もく}スズキ科_か
- 長 約1m_{やく}
- 分 琉球列島をのぞく日本各地_{りゅうきゅうれっとう にほんかくち}

セイゴ→フッコ→スズキと大きくなるにつれて名前が変わる出世魚で、海と川を行ったり来たりして成長します。白くすき通った身はほんのりあまく、夏に旬をむかえます。

ブリ

データ

名 ハマチ、
メジロ、ツバス
など

科 スズキ目
アジ科

長 約1m

分 日本各地

成長するにつれて呼び名が変わる出世魚として有名で、地域によっても呼び名は変化します。冬に水あげされたブリは「寒ブリ」とよばれ、脂がのっておいしいとされています。

マコガレイ

データ

名 マコガレイ

科 カレイ目
カレイ科

長 約35cm

分 北海道〜
大分県

見た目はヒラメにそっくりですが、両目が体の右側についていて、口が小さいのが特徴です。ヒラメと同じくヒレを動かす筋肉をエンガワといい、すしダネとしてよく使われます。

アジ

データ

名 マアジ

科 スズキ目
アジ科

長 約30cm

分 日本各地

味がよいことからその名がついたといわれており、江戸前ずしの代表的なタネとして親しまれてきました。体に沿って「ぜいご」と呼ばれるトゲのようなうろこをもっています。

サバ

データ

名 マサバ

科 スズキ目
サバ科

長 約50cm

分 琉球列島を
のぞく
日本各地

銀白色のお腹と背の曲線模様が特徴のマサバは、栄養価が高く、煮ても焼いてもおいしい魚です。くさりやすいため、昔は塩づけにするか、酢でしめたものを食べていました。

タチウオ

データ

- 名 タチウオ
- 科 スズキ目タチウオ科
- 長 約1.4m
- 分 琉球列島をのぞく日本各地

刀（太刀）のように細い見た目や、水中で立つように泳ぐ姿からタチウオと呼ばれています。一年中とることができ、皮の部分にうまみがあるとされています。

ノドグロ

データ

- 名 アカムツ
- 科 スズキ目ホタルジャコ科
- 長 約40cm
- 分 日本各地

正式和名はアカムツですが、口の中をのぞくとノドが黒いことから一部の地域では「ノドグロ」とよばれています。脂がたっぷりのっており、その味は「白身のトロ」ともいわれます。

アナゴ

データ

- 名 マアナゴ
- 科 ウナギ目アナゴ科
- 長 約1m
- 分 日本各地

細長い体にはうろこがなく、全身がぬるぬるとした粘液におおわれています。関西では焼いたもの、関東では煮たものがよく食べられます。

フグ

データ
（トラフグ）

- 名 トラフグ
- 科 フグ目フグ科
- 長 約65cm
- 分 琉球列島をのぞく日本各地

あっさりとした味で食べやすく、精巣部の白子もすしダネとして人気です。丸みのあるかわいらしい見た目ですが、強い毒をもっているため、調理には免許が必要です。

いろいろな郷土（きょうど）ずしを見（み）てみよう！

日本各地（にほんかくち）には、それぞれの地方（ちほう）で親（した）しまれてきた伝統的（でんとうてき）なおすしがあるんだって！どんな具材（ぐざい）を使（つか）っているのかな？

押（お）しずし　（全国（ぜんこく））

シャリと具材（ぐざい）を重（かさ）ね、上（うえ）から圧力（あつりょく）を加（くわ）えて形（かたち）をつくります。具材（ぐざい）やかざりは地域（ちいき）や家庭（かてい）によってさまざまです。

写真提供：牟岐町観光協会

★ますずし（富山県（とやまけん））、バッテラ（大阪府（おおさかふ）など）、ぼうぜの姿（すがた）ずし（徳島県（とくしまけん））など

ばらずし　（おもに西日本（にしにほん））

シャリに魚介類（ぎょかいるい）や野菜（やさい）などをまぜこみ、錦糸卵（きんしたまご）（うす焼（や）き卵（たまご）を細（ほそ）く切（き）ったもの）などでいろどりをそえる料理（りょうり）です。季節（きせつ）のお祭（まつ）りや冠婚葬祭（かんこんそうさい）などでよく食（た）べられてきました。

写真提供：香川県農政水産部農業経営課

★ばらずし（京都府（きょうとふ）、香川県（かがわけん）など）、備前（びぜん）ばらずし（岡山県（おかやまけん））など

なれずし　（全国（ぜんこく））

アユ、サバ、フナなどをごはん（または米（こめ）こうじ）といっしょに塩（しお）づけにし、発酵（はっこう）させてつくります。日本各地（にほんかくち）でさまざまなつくり方（かた）があり、三重県（みえけん）の東紀州（ひがしきしゅう）地域（ちいき）では正月（しょうがつ）に食（た）べられます。

★ふなずし（滋賀県（しがけん））、ハタハタずし（秋田県（あきたけん））、かぶらずし（石川県（いしかわけん））など

島（しま）ずし　（東京都（とうきょうと））

八丈島（はちじょうじま）、小笠原諸島（おがさわらしょとう）に伝（つた）わるにぎりずしです。魚（さかな）をうすく切（き）って、しょうゆベースの液（えき）につけこみます。このつくり方（かた）は、東京（とうきょう）のおすし屋（や）さんでは「づけ」と呼（よ）ばれています。

写真提供：一般社団法人八丈島観光協会

柿の葉ずし
（和歌山県、奈良県、石川県、鳥取県）

押しずしの一種で、柿の名産地である和歌山県や奈良県では、江戸時代から食べられていたといいます。柿の葉にふくまれるタンニンという成分によって、具材のいたみを防げるとされています。

太巻き祭りずし
（千葉県）

桜でんぶ*や青菜などの具材を海苔や卵で巻きます。断面には色あざやかな花や、お祝いの文字があらわれます。千葉県では年中行事や家族の集まりなどで食べられてきました。

*白身魚の身をほぐして煎り、ピンクの色をつけたもの

大村ずし
（長崎県）

押しずしの一種で、戦国時代に今の長崎県大村市で生まれました。お祝いで出される料理で、当時貴重だった砂糖が大量に使われています。

近畿地方を中心に、節分の日に「恵方巻き」と呼ばれる太巻きずしを食べる風習があります。その年の縁起がよいとされる方角（恵方）を向いて、1本の恵方巻きを切らずに、だまって願いごとを思いうかべながら食べきる、というルールがあります（地域によってことなる）。

世界のすしを見てみよう！

キンパ

韓国で親しまれている巻きずし。ごはんはごま油と塩で味つけされ、肉や野菜などの具材が入っています。

カリフォルニアロール

アメリカなどで見られる、カニかまぼこ、アボカド、とびこ（トビウオの卵）などを使ったおすし。海苔を内側にかくすように巻き、マヨネーズをかけて食べることもあります。

NDC596　特別堅牢製本図書

おいしさから学ぶ図鑑
❶おいしいおすしができるまで

Gakken　2025　48P　28.6cm
ISBN 978-4-05-501461-8　C8360

監修者

ながさき一生（一般社団法人さかなの会 理事長 代表）
1984年、新潟県生まれ。東京海洋大学卒業後、築地市場の卸売企業で水産物流通の現場に携わる。その後、東京海洋大学大学院修士課程修了。2006年より「さかなの会」を主宰。主な著書に『魚ビジネス』（クロスメディア・パブリッシング）等。

参考資料

『魚ビジネス』ながさき一生 著（クロスメディア・パブリッシング）
『お寿司のネタもよくわかるさかな食材絵事典』廣崎芳次 監修
（PHP研究所）
『学研の図鑑LIVE 魚 新版』本村浩之 総監修（Gakken）
『ハヤタケ先生の魚食大百科』早武忠利 著（少年写真新聞社）
（ホームページ）山陰旋網漁業協同組合、農林水産省、水産庁、東京都中央卸売市場、東京税関、ぼうずコンニャクの市場魚貝類図鑑、マルハニチロ株式会社

取材協力

大和寿司、株式会社山治、東京都中央卸売市場豊洲市場、東京都水産物卸売業者協会、東京中央卸売市場飲食業協同組合、東京魚市場卸協同組合

写真提供

一般社団法人海洋水産システム協会、磯崎漁業協同組合、銚子市漁業協同組合、新生水産株式会社、高砂熱学工業株式会社、一般社団法人大日本水産会魚食普及推進センター、一般社団法人境港観光協会、静岡市、株式会社JALカーゴサービス、日建リース工業株式会社、泉佐野漁業協同組合、本多電子株式会社、古野電気株式会社、株式会社弁慶丸、堅田漁業協同組合、公益財団法人神奈川県栽培漁業協会、有限会社岡島盛夫商店、PIXTA、フォトライブラリー、Adobe Stock、アフロ

STAFF

制作協力	株式会社ワード
取材・執筆	片倉まゆ、加藤達也、澤野誠人、小川麻衣留
校正協力	能塚泰秋
撮影	高木あつ子
表紙デザイン	沢田幸平（happeace）
表紙イラスト	FUJIKO
本文デザイン	シラキハラメグミ
本文イラスト	てらいまき
企画・編集	樋口亨

2025年2月18日　第1刷発行

発行人	川畑勝
編集人	志村俊幸
編集担当	樋口亨

発行所	株式会社Gakken
	〒141-8416
	東京都品川区西五反田2-11-8
印刷所	共同印刷株式会社

この本に関する各種お問い合わせ先

● 本の内容については、
　下記サイトのお問い合わせフォームよりお願いします。
　https://www.corp-gakken.co.jp/contact/
● 在庫については
　Tel 03-6431-1197（販売部）
● 不良品（落丁、乱丁）については
　Tel 0570-000577
　学研業務センター
　〒354-0045 埼玉県入間郡三芳町上富279-1
● 上記以外のお問い合わせは
　Tel 0570-056-710（学研グループ総合案内）

おいしさから学ぶ図鑑